AF219280

Impressum
Verlag: BABADADA GmbH, Nedderfeld 112 , 22529 Hamburg
Geschäftsführer / Verlagsleitung: Harald Hof
Druck: Books on Demand GmbH, In de Tarpen 42, 22848 Norderstedt

Imprint
Publisher: BABADADA GmbH, Nedderfeld 112 , 22529 Hamburg, Germany
Managing Director / Publishing direction: Harald Hof
Print: Books on Demand GmbH, In de Tarpen 42, 22848 Norderstedt, Germany

la escuela
škola

el aula
učionica
dividir
dijeliti
186/2
la pizarra
ploča
el patio
školsko dvorište
el maestro/a
učitelj
el papel
papir
escribir
pisati
el bolígrafo
kemijska olovka
el escritoria
pisaći stol
la regla
ravnalo
el libro
knjiga
el alumno/a
učenik

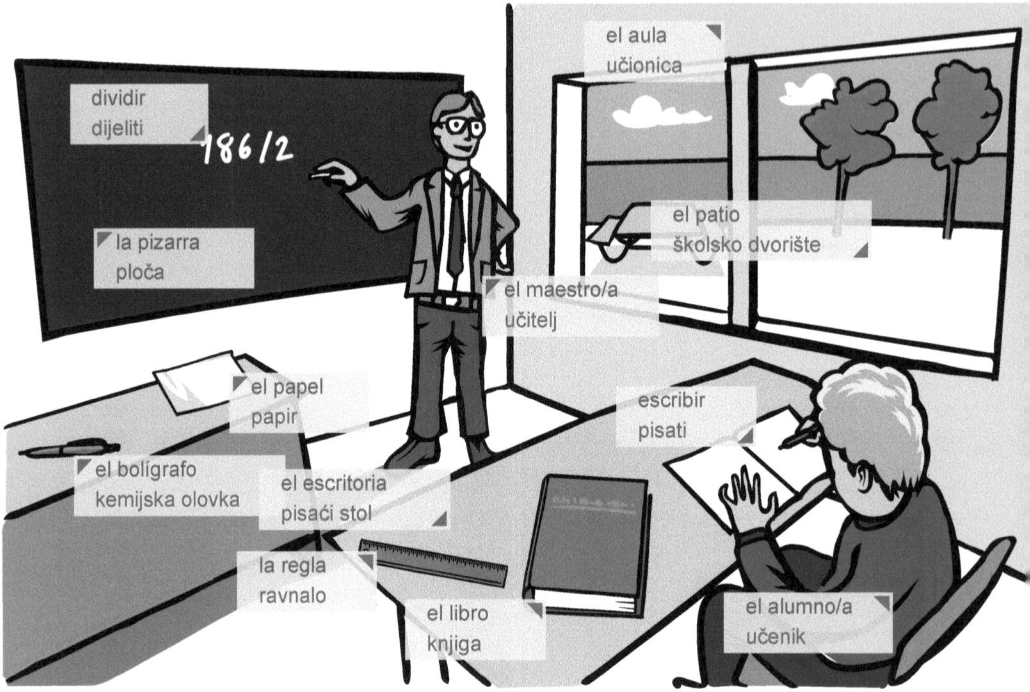

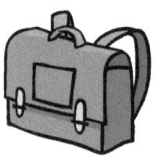

la cartera

torba

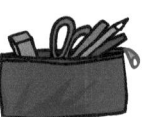

la caja de lápices

pernica

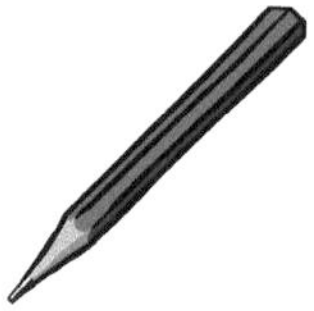

el lápiz

grafitna olovka

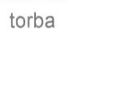

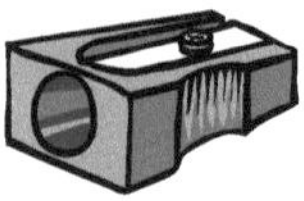

el sacapuntas

šiljilo za olovke

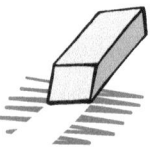

la goma de borrar

gumica za brisanje

el cuaderno de dibujo

blok za crtanje

el dibujo
....
crtež

el pincel
....
kist

la caja de pinturas
....
kutija s bojama

las tijeras
....
makaze

el pegamento
....
ljepilo

el cuaderno de ejercicios
....
bilježnica

los deberes
....
domaći zadatak

el número
....
broj

sumar
....
sabirati

restar
....
oduzimati

multiplicar
....
množiti

calcular
....
računati

la letra
....
slovo

el alfabeto
....
abeceda

la palabra
....
riječ

el texto

tekst

leer

čitati

la tiza

kreda

la lección

sat

el cuaderno de notas

dnevnik

el examen

ispit

el certificado

svjedodžba

el uniforme

školska uniforma

la educación

obrazovanje

la enciclopedia

leksikon

la universidad

sveučilište

el microscopio

mikroskop

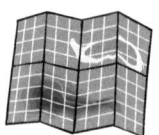

el mapa

karta

la papelera

košara za papir

el viaje
putovanje

el hotel
hotel
Grand
el albergue
prenoćište
ROOMS
EXCHANGE
oficina de cambio de divisas
jenjačnica
la maleta
kofer
el coche
auto

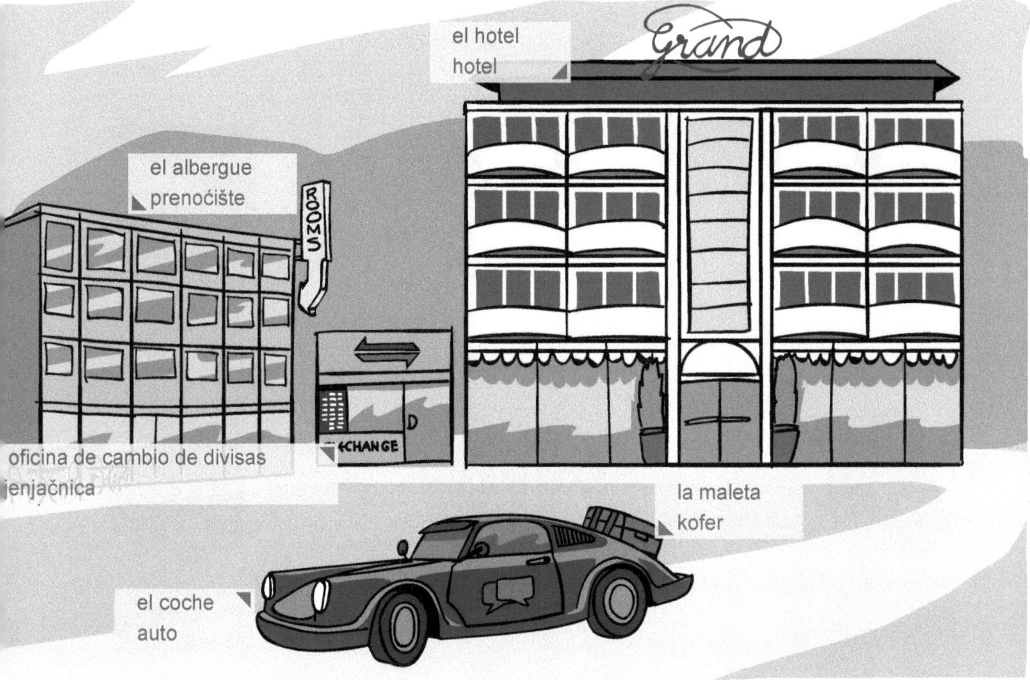

el idioma
jezik

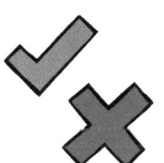

sí / no
da / ne

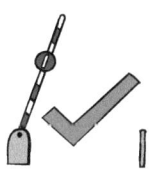

Vale
okay

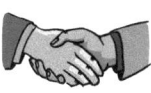

hola
zdravo

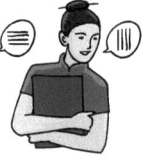

el traductor
prevoditelj

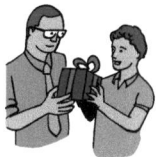

Gracias
hvala

¿cuánto es...?

Koliko košta...?

No entiendo

ne razumijem

el problema

problem

¡Buenas tardes!

dobro veče!

¡Buenos días!

Dobro jutro!

¡Buenas noches!

Laku noć!

adiós

doviđenja

la dirección

smjer

el equipaje

prtljaga

la bolsa

torba

la mochila

ruksak

el invitado

gost

la habitación

soba

el saco de dormir

vreća za spavanje

la tienda de campaña

šator

el viaje - putovanje

la información turística

turističke informacije

la playa

plaža

la tarjeta de crédito

kreditna kartica

el desayuno

doručak

el almuerzo

ručak

la cena

večera

el billete

karta za vožnju

el ascensor

dizalo

el sello

poštanska markica

la frontera

granica

la aduana

carina

la embajada

ambasada

la visa

viza

el pasaporte

putovnica

el viaje - putovanje

el transporte

transport

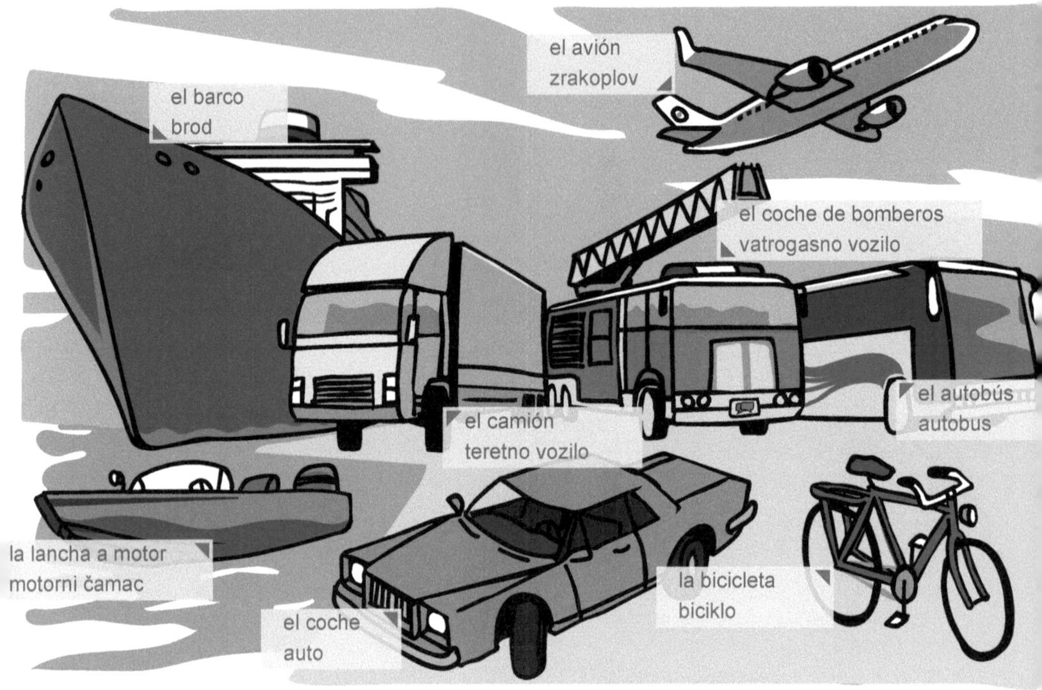
el avión
zrakoplov
el barco
brod
el coche de bomberos
vatrogasno vozilo
el autobús
autobus
el camión
teretno vozilo
la lancha a motor
motorni čamac
la bicicleta
biciklo
el coche
auto

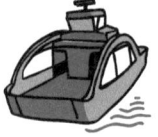

el transbordador

trajekt

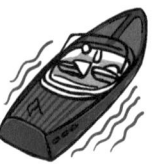

la barca

čamac

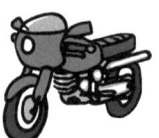

la moto

motocikl

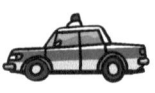

el coche de policía

policijski auto

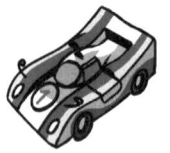

el coche de carreras

trkaći auto

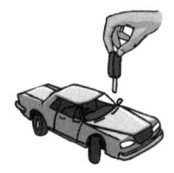

el coche de alquiler

iznajmljeno auto

el préstamo de vehículos

dijeljenje automobila

la grúa

vučno vozilo

el camión de la basura

vozilo za odvoz smeća

el motor

motor

la gasolina

benzin

la gasolinera

benzinska postaja

la señal de tráfico

prometni znak

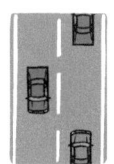

el tráfico

promet

el atasco

zastoj

el aparcamiento

parkiralište

la estación de tren

kolodvor

las vías

šine

el tren

vlak

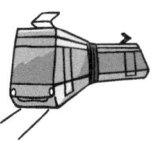

el tranvía

tramvaj

el vagón

vagon

el transporte - transport

el helicóptero

helikopter

el aeropuerto

zrakoplovna luka

la torre

toranj

el pasajero

putnik

el contenedor

kontejner

la caja de cartón

karton

la carretilla

kolica

la cesta

košara

despegar / aterrizar

uzletjeti / sletjeti

la ciudad

grad

el pueblo

selo

el centro de la ciudad

centar grada

la casa

kuća

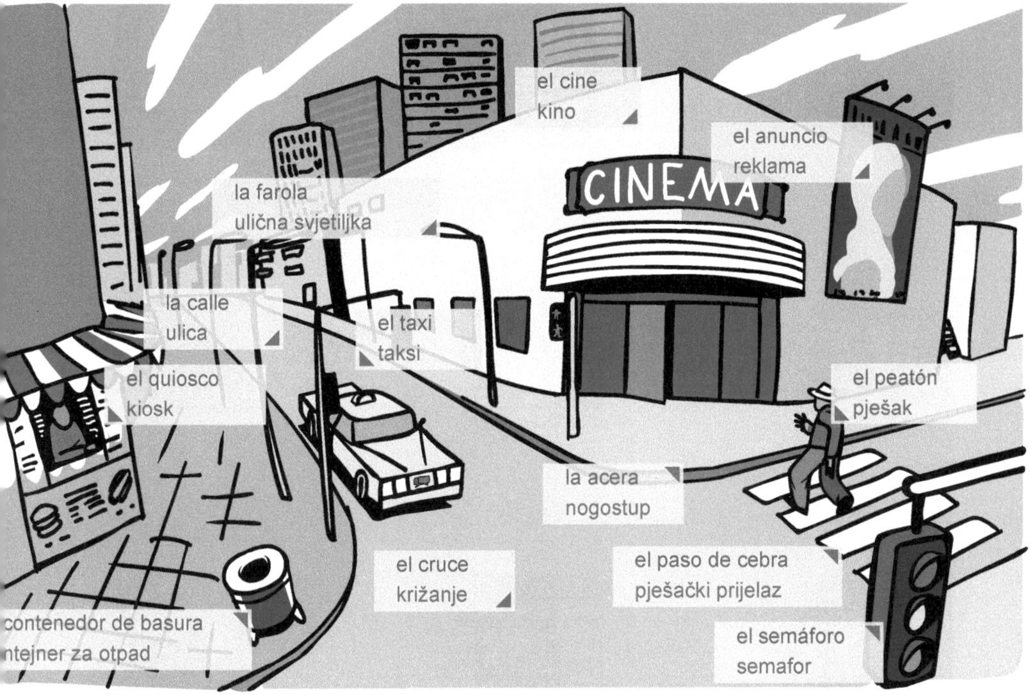
el cine
kino
el anuncio
reklama
CINEMA
la farola
ulična svjetiljka
la calle
ulica
el taxi
taksi
el quiosco
kiosk
el peatón
pješak
la acera
nogostup
el cruce
križanje
el paso de cebra
pješački prijelaz
contenedor de basura
ntejner za otpad
el semáforo
semafor

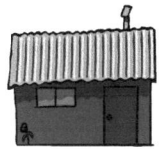

la cabaña

koliba

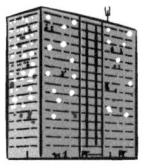

el apartamento

stan

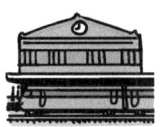

la estación de tren

kolodvor

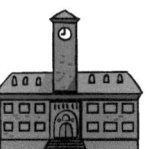

el ayuntamiento

vijećnica

MUSEUM

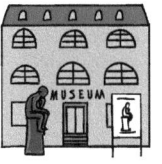

el museo

muzej

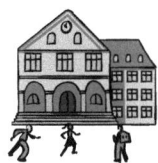

la escuela

škola

la universidad
sveučilište

el banco
banka

el hospital
bolnica

el hotel
hotel

la farmacia
ljekarna

la oficina
ured

la librería
knjižara

la tienda de campaña
prodavaonica

la floristería
cvjećara

el supermercado
supermarket

el mercado
trg

los grandes almacenes
robna kuća

la pescadería
ribarnica

el centro comercial
trgovački centar

el puerto
luka

el parque

park

el banco

klupa

el puente

most

las escaleras

stepenice

el metro

podzemna željeznica

el túnel

tunel

la parada de autobús

autobusna stanica

el bar

bar

el restaurante

restoran

el buzón

poštansko sanduče

el poste indicador

ulični znak

el parquímetro

parkirni sat

el zoo

zoološki vrt

la piscina

bazen

la mezquita

džamija

la granja

seosko gazdinstvo

la contaminación

zagađenje okoliša

el cementerio

groblje

la iglesia

crkva

el patio de juego

igralište

el templo

hram

el paisaje
krajolik

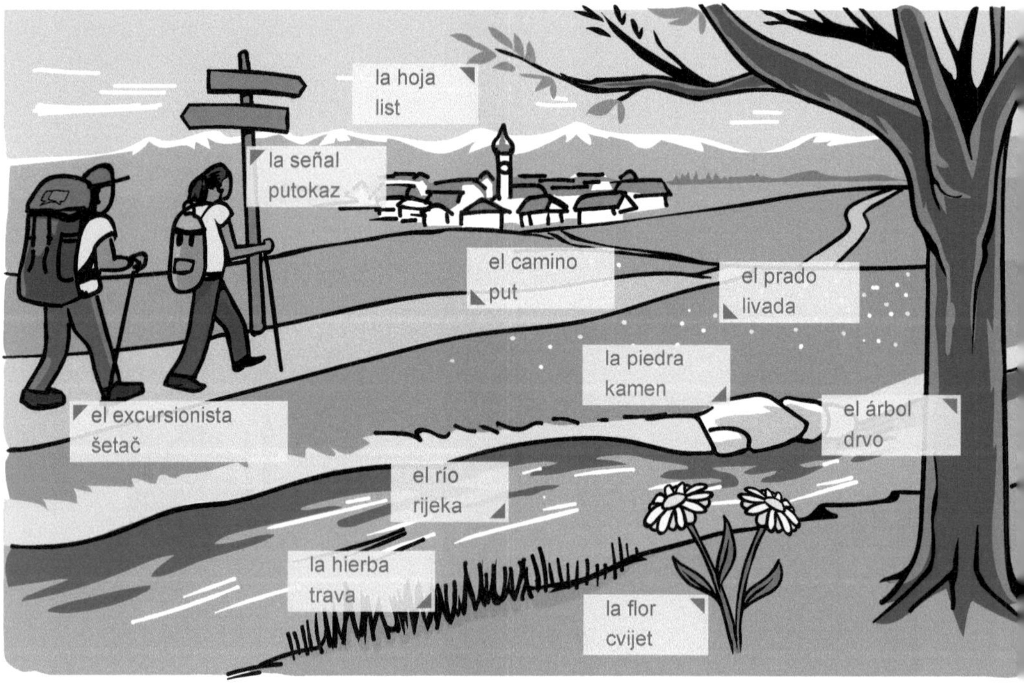

la hoja
list

la señal
putokaz

el camino
put

el prado
livada

la piedra
kamen

el árbol
drvo

el excursionista
šetač

el río
rijeka

la hierba
trava

la flor
cvijet

el valle

dolina

la colina

planina

el lago

jezero

el bosque

šuma

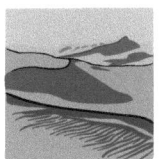

el desierto

pustinja

el volcán

vulkan

el castillo

dvorac

el arcoíris

duga

el champiñón

gljiva

la palmera

palma

el mosquito

moskito

la mosca

muha

la hormiga

mrav

la abeja

pčela

la araña

pauk

el escarabajo

buba

la rana

žaba

la ardilla

vjeverica

el erizo

jež

la liebre

zec

la lechuza

sova

el pájaro

ptica

el cisne

labud

el jabalí

divlja svinja

el ciervo

jelen

el alce

los

la presa

nasip

la turbina eólica

vjetrenjača

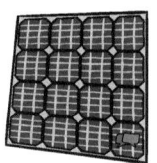

el panel solar

solarna ploča

el clima

klima

el restaurante
restoran

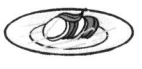

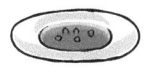

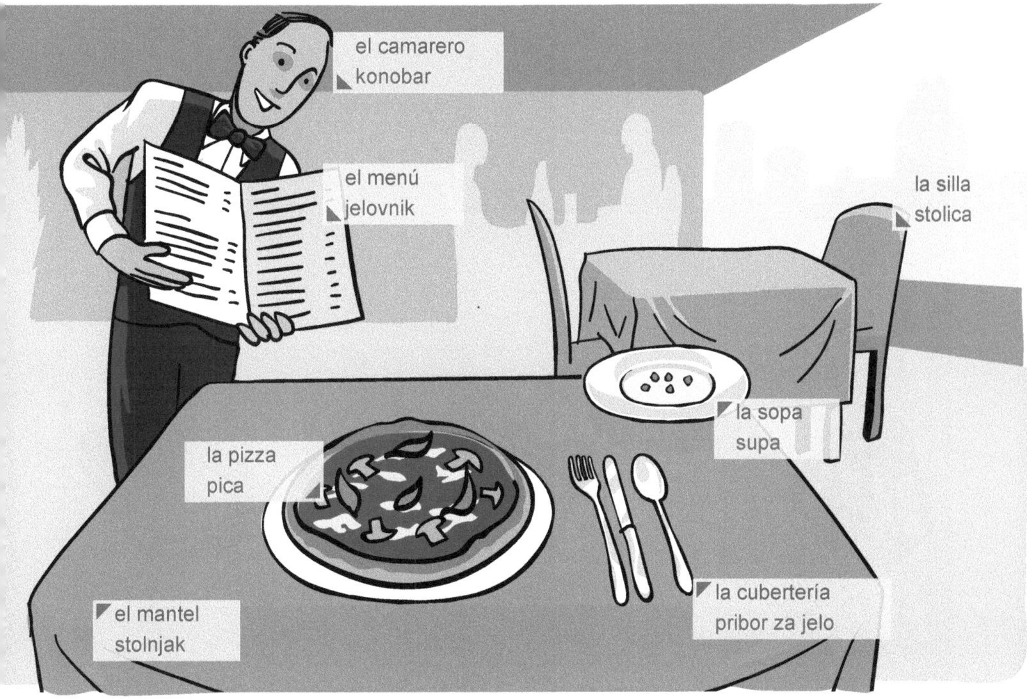
el camarero
konobar
el menú
jelovnik
la silla
stolica
la sopa
supa
la pizza
pica
el mantel
stolnjak
la cubertería
pribor za jelo

el primer plato

predjelo

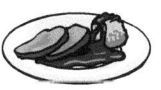

el plato principal

glavno jelo

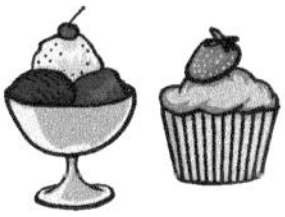

el postre

desert

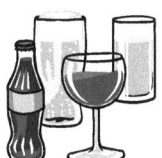

las bebidas

napitci

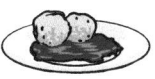

la comida

jelo

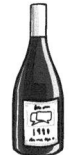

la botella

boca

la comida rápida

fastfood

la comida callejera

imbis hrana

la tetera

čajnik

el azucarero

doza za šećer

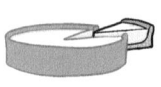

la porción

porcija

la cafetera expreso

aparat za espresso

la trona

visoka stolica

la cuenta

račun

la bandeja

pladanj

el cuchillo

nož

el tenedor

vilica

la cuchara

žlica

la cucharilla

čajna žlica

la servilleta

ubrus

el vaso

čaša

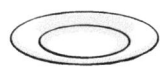

el plato

tanjur

el plato hondo

tanjur za supu

el platillo

tanjurić

la salsa

sos

el salero

soljenka

el molinillo de pimienta

mlin za biber

el vinagre

ocat

el aceite

ulje

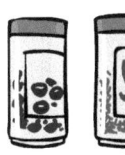

las especias

začini

el ketchup

kečap

la mostaza

senf

la mayonesa

majoneza

el supermercado
supermarket

la oferta especial
ponuda
FOR
el cliente
kupac
los lácteos
mliječni proizvodi
la fruta
voće
el carro de compra
kolica za kupnju

BUTCHERS

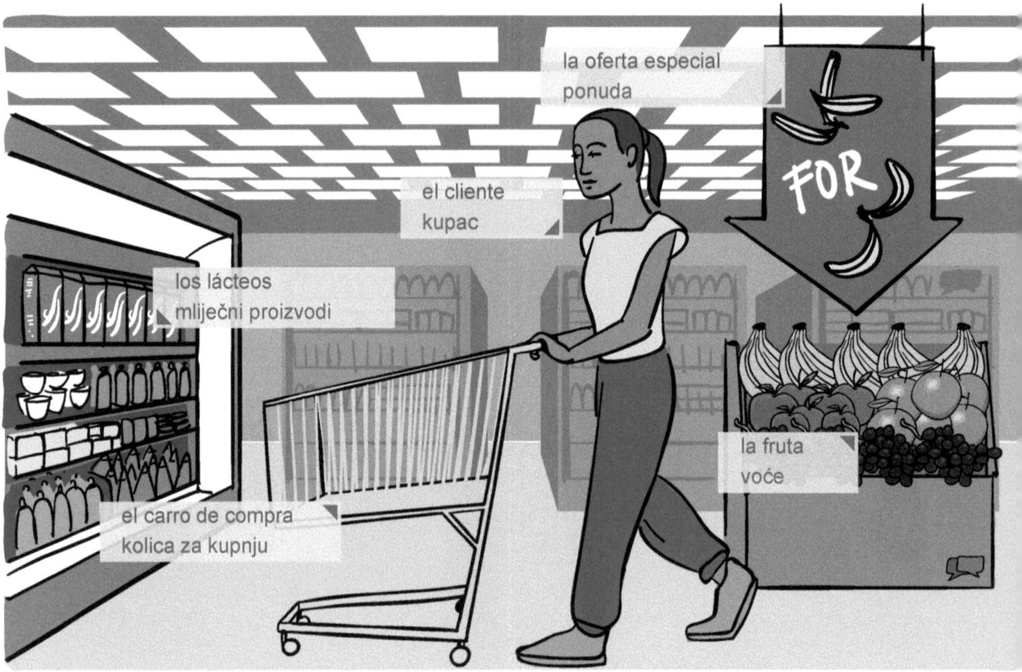

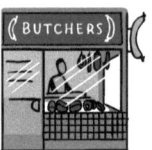

la carniceria

mesnica

BAKERY

la panadería

pekarnica

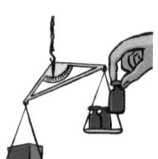

pesar

vagati

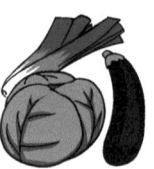

las verduras

povrće

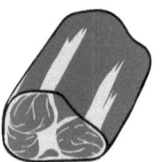

la carne

meso

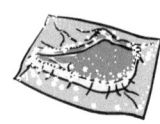

los alimentos congelados

duboko smrznuta hrana

los fiambres

narezak

las conservas

konzerve

el detergente en polvo

sredstvo za pranje

los dulces

slatkiši

productos de uso doméstico

artikli za domaćinstvo

productos de limpieza

sredstva za čišćenje

la vendedora

prodavačica

la caja de cartón

blagajna

el cajero

blagajnik

la lista de la compra

lista za kupnju

el horario de atención al público

vrijeme rada

la cartera

novčanik

la tarjeta de crédito

kreditna kartica

la bolsa de plástico

torba

la bolsa de plástico

plastična vrećica

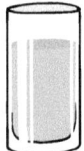

el agua

voda

el zumo

sok

la leche

mlijeko

la cola

cola

el vino

vino

la cerveza

pivo

el alcohol

alkohol

el cacao

kakao

el té

čaj

el café

kava

el expreso

espresso

el capuchino

cappuccino

el plátano

banana

la manzana

jabuka

la naranja

naranča

el melón

lubenica

el limón

limun

la zanahoria

mrkva

el ajo

češnjak

el bambú

bambus

la cebolla

luk

el champiñón

gljiva

las avellanas

orašasti plodovi

los fideos

rezanci

las espagueti

špagete

el arroz

riža

la ensalada

salata

las patatas fritas

pomfrit

las patatas fritas

pečeni krumpir

la pizza

pica

la hamburguesa

hamburger

el sándwich

sendvič

el filete

šnicla

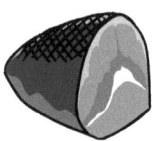

el jamón

pršut

le salami

salama

la salchicha

kobasica

el pollo

kokoš

el asado

pečenje

el pescado

riba

los copos de avena

zobene pahuljice

el muesli

musli

los copos de maíz

kukuruzne pahuljice

la harina

brašno

el cruasán

roščić

el panecillo

pecivo

el pan

kruh

la tostada

toast

las galletas

keksi

la mantequilla

maslac

la cuajada

svježi sir

el pastel

kolač

el huevo

jaje

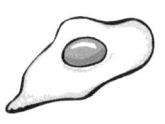

el huevo frito

jaje na oko

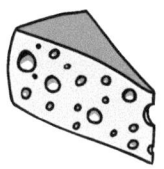

el queso

sir

el helado

sladoled

el azúcar

šećer

la miel

med

la mermelada

marmelada

la crema de turrón

nugat krema

el curry

curry

la granja
seosko gazdinstvo

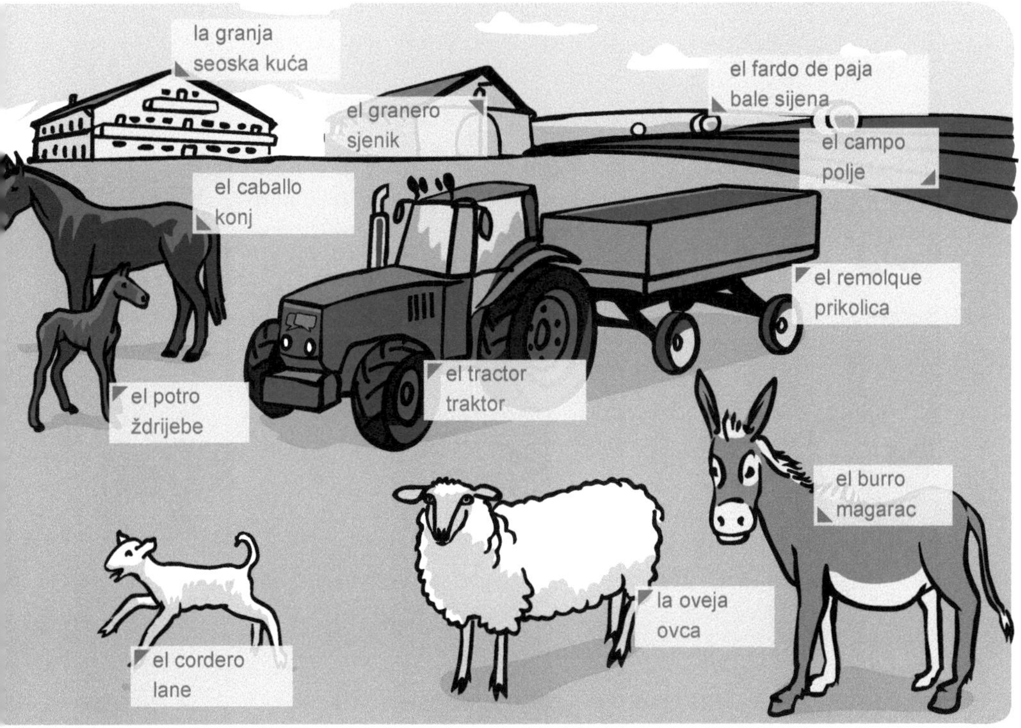

la granja
seoska kuća
el granero
sjenik
el fardo de paja
bale sijena
el campo
polje
el caballo
konj
el remolque
prikolica
el potro
ždrijebe
el tractor
traktor
el burro
magarac
la oveja
ovca
el cordero
lane

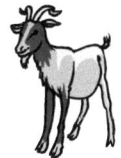

la cabra
koza

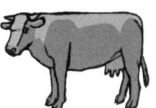

la vaca
krava

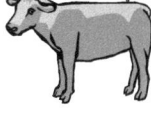

el ternero
tele

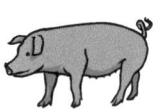

el cerdo
svinja

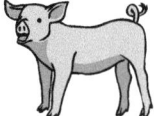

el cerdito
prase

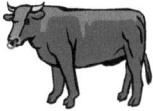

el toro
bik

el ganso
guska

el pato
patka

el pollo
pilići

la gallina
kokoš

el gallo
pijetao

la rata
pacov

el gato
mačka

el ratón
miš

el buey
vol

el perro
pas

la perrera
kućica za psa

la manguera
vrtno crijevo

la regadera
kanta za polijevanje

la guadaña
kosa

el arado
plug

la hoz
srp

la azada
motika

la horca
vilica za gnojivo

el hacha
sjekira

la carretilla
tačke

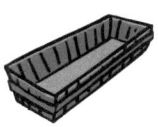

el abrevadero
korito

la lechera
posuda za mlijeko

el saco
vreća

la valla
ograda

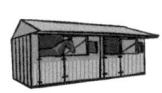

el establo
štala

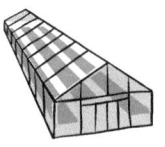

el invernadero
staklenik

el suelo
zemlja

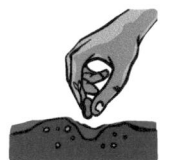

la semilla
sjeme

el fertilizador
gnojivo

la cosechadora
kombajn

cosechar

žanjati

la cosecha

žetva

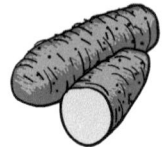

el ñame

yams začin

el trigo

pšenica

el soja

soja

la patata

krumpir

el maíz

kukuruz

la semilla de colza

uljana repica

el árbol frutal

voćka

la mandioca

gomolj manioke

las cereales

žitarice

la casa
kuća

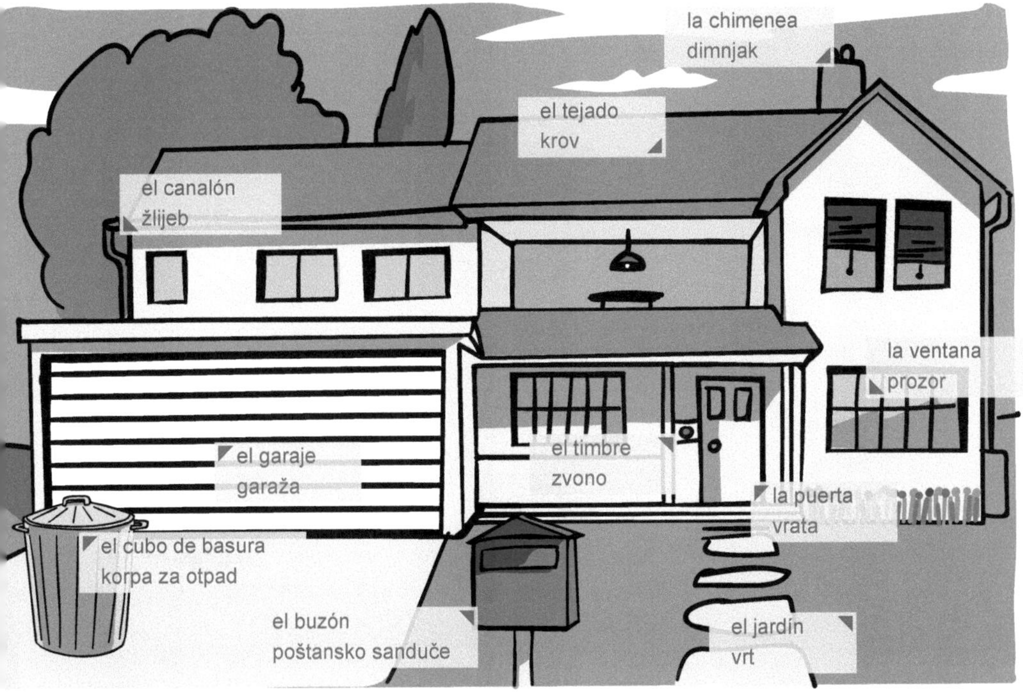

la chimenea
dimnjak
el tejado
krov
el canalón
žlijeb
la ventana
prozor
el timbre
zvono
el garaje
garaža
la puerta
vrata
el cubo de basura
korpa za otpad
el buzón
poštansko sanduče
el jardín
vrt

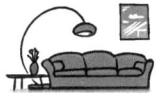

la sala
dnevna soba

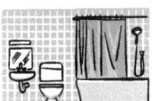

el cuarto de baño
kupaonica

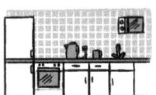

la cocina
kuhinja

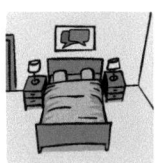

el dormitorio
spavaća soba

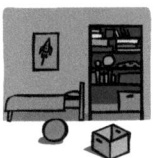

la habitación de los niños
dječija soba

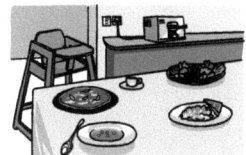

el comedor
trpezarija

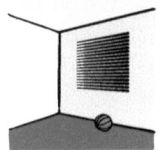

el suelo

pod

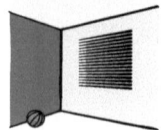

la pared

zid

el techo

strop

el sótano

podrum

la sauna

sauna

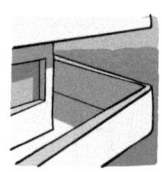

el balcón

balkon

la terraza

terasa

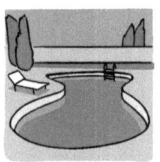

la piscina

bazen

el cortacésped

kosilica za travu

la sábana

posteljina za krevet

la colcha

deka za krevet

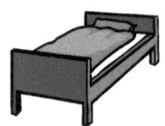

la cama

krevet

la escoba

metla

el balde

kanta

el interruptor

sklopka

la sala

dnevna soba

el papel pintado
tapeta
la imagen
slika
la lámpara
svjetiljka
el estante
regal
el armario
ormar
la televisión
televizija
la chimenea
kamin
la flor
cvijet
el cojín
jastuk
el sofá
kauč
el jarrón
vaza
el mando a distancia
daljinski upravljač

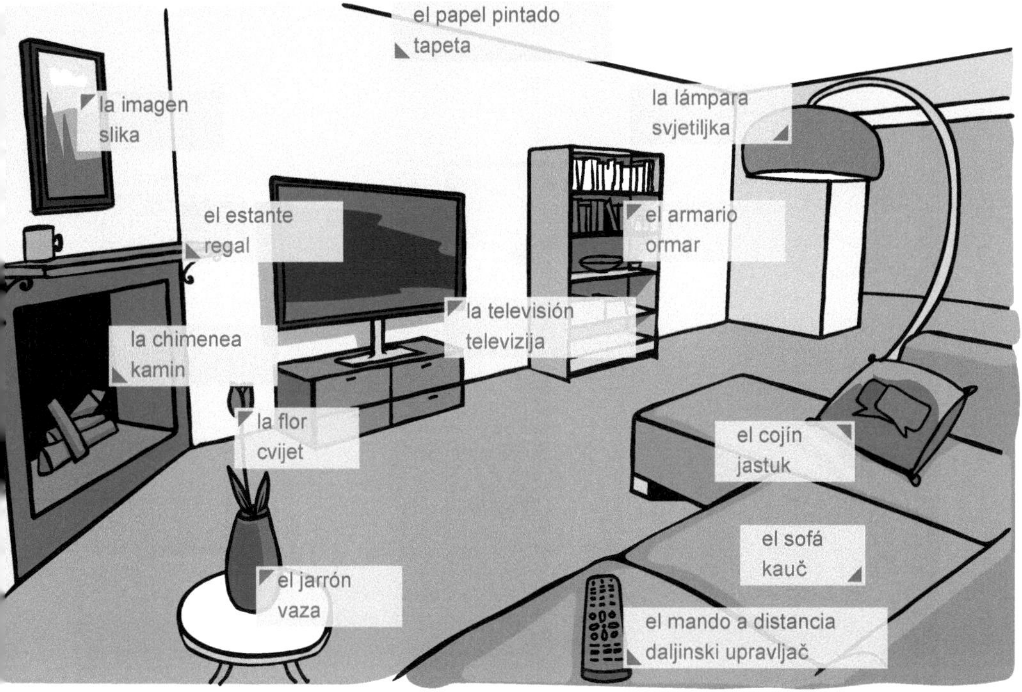

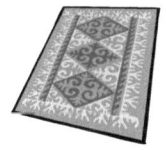

la alfombra

tepih

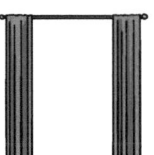

la cortina

zavjesa

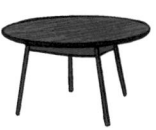

la mesa

stol

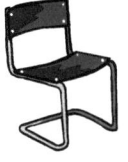

la silla

stolica

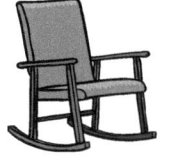

el mecedora

stolica za njihanje

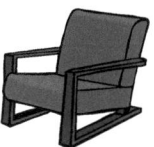

la butaca

fotelja

el libro

knjiga

la manta

deka

la decoración

dekoracija

la leña

drvo za ogrjev

la película

film

el equipo de música

stereo uređaj

la llave

ključ

el periódico

novine

la pintura

slika na platnu

el póster

poster

la radio

radio

el cuaderno

blok za pisanje

la aspiradora

usisavač

el cactus

kaktus

la vela

svijeća

la cocina
kuhinja

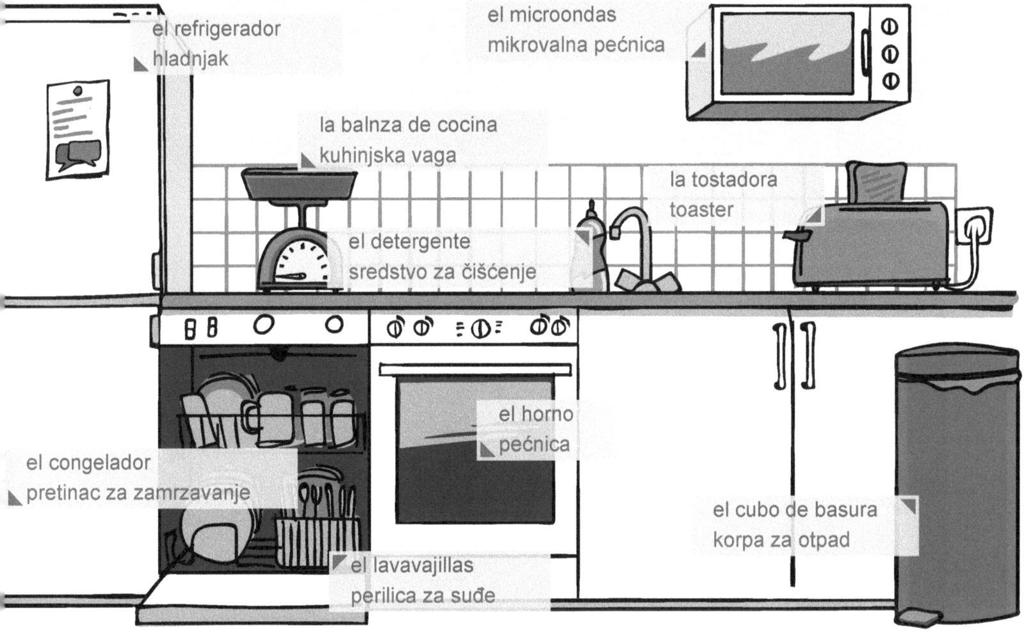
el refrigerador
hladnjak
el microondas
mikrovalna pećnica
la balnza de cocina
kuhinjska vaga
la tostadora
toaster
el detergente
sredstvo za čišćenje
el horno
pećnica
el congelador
pretinac za zamrzavanje
el cubo de basura
korpa za otpad
el lavavajillas
perilica za suđe

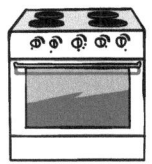

la olla a presión

štednjak

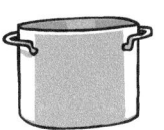

la olla

lonac

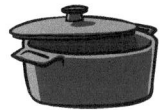

la olla de hierro fundido

željezni lonac

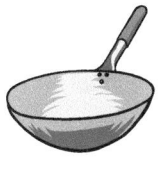

el wok

wok / kadai

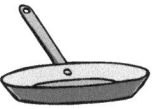

la cazuela

tava

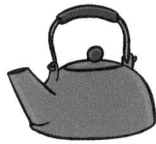

el hervidor

kuhalo za vodu

la vaporera

kuhalo na paru

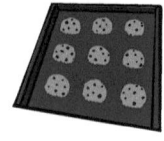

la chapa de horno

lim za pečenje

la vajilla

posuđe

la taza

čaša

el tazón

zdjela

los palillos

štapići za jelo

el cucharón

kutljača

la espumadera

lopatica

el batidor

pjenjača

el colador

sito za kuhanje

el cedazo

sito

el rallador

ribež

el mortero

mužar

la barbacoa

roštilj

la hoguera

ognjište

la tabla de picar

daska

el rodillo

oklagija

el sacacorchos

vadičep

la lata

konzerva

el abrelatas

otvarač konzervi

el agarrador

krpa za lonac

el lavabo

sudoper

el cepillo

četka

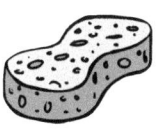

la esponja

spužva

la batidora

mikser

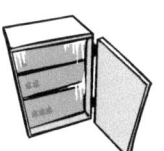

el congelador

zamrzivač

el biberón

bočica za bebe

el grifo

slavina za vodu

el cuarto de baño
kupaonica

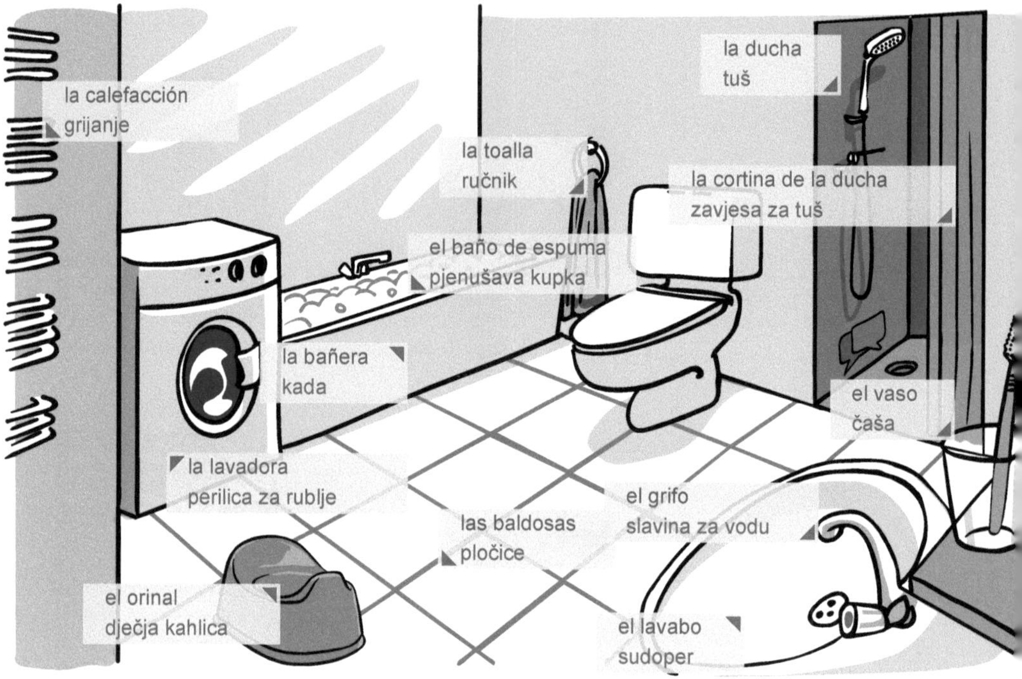
la calefacción
grijanje
la ducha
tuš
la toalla
ručnik
la cortina de la ducha
zavjesa za tuš
el baño de espuma
pjenušava kupka
la bañera
kada
el vaso
čaša
la lavadora
perilica za rublje
el grifo
slavina za vodu
las baldosas
pločice
el orinal
dječja kahlica
el lavabo
sudoper

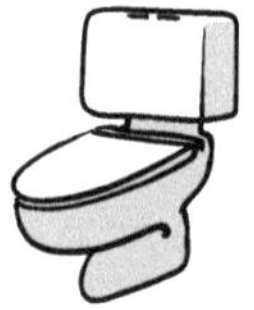

el inodoro

toalet

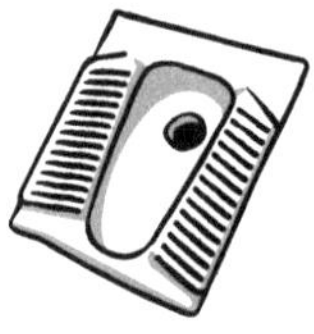

el inodoro rústico

čučavac

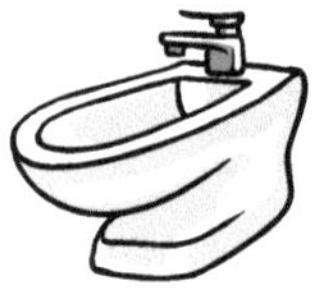

el bidé

bidet

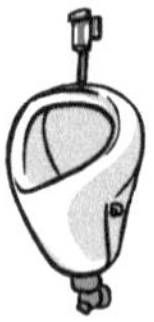

el urinario

pisoar

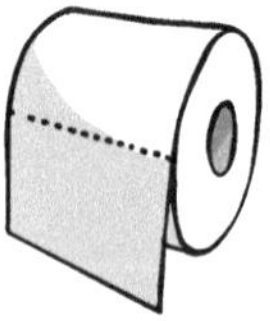

el papel higiénico

papir za toalet

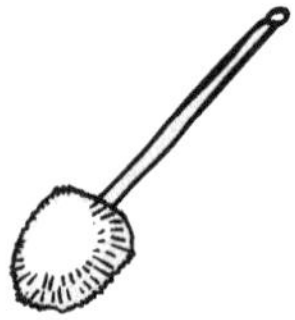

la escobilla del váter

četka za toalet

el cepillo de dientes

četkica za zube

la pasta de dientes

pasta za zube

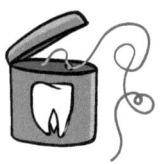

el hilo dental

konac za zube

lavar

prati

la ducha de mano

tuš ručica

la ducha íntima

tuš za pranje intimnih dijelova

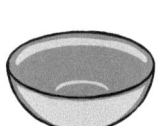

la pila

lavor

el cepillo de espalda

četka za pranje leđa

el jabón

sapun

el gel de ducha

gel za tuširanje

el champú

šampon

la toallita

krpa za pranje

el desagüe

odvod

la crema

krema

el desodorante

dezodorans

el espejo

ogledalo

el espejo de tocador

kozmetičko ogledalo

la maquinilla de afeitar

brijač

la espuma de afeitar

pjena za brijanje

la loción postafeitado

losion za poslije brijanja

el peine

češalj

el cepillo

četka

el secador

sušilo za kosu

la laca

sprej za kosu

el maquillaje

makeup

el pintalabios

ruž za usne

el pintauñas

lak za nokte

el algodón

vata

el cortauñas

škare za nokte

el perfume

parfem

el estuche de viaje
neseser

la banqueta
stolica

la balanza
vaga

el albornoz
ogrtač

los guantes de goma
rukavice za čišćenje

el tampón
tampon

la compresa
uložak

el inodoro químico
kemijski toalet

la habitación de los niños
dječija soba

el despertador
budilnik
el peluche
plišana igračka
el coche de juguete
auto igračka
el sonajero
zvečka
la casa de muñecas
kućica za lutke
el regalo
poklon

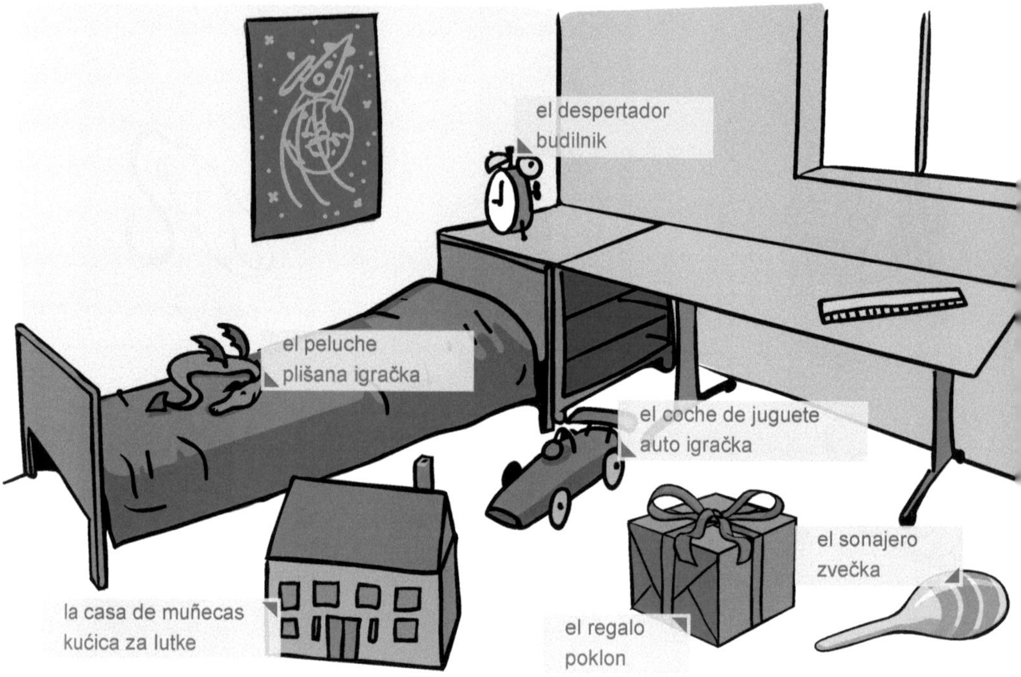

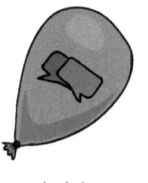

el globo
balon

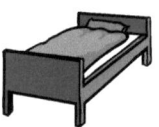

la cama
krevet

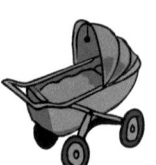

el coche de niño
dječija kolica

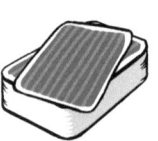

los naipes
igra s kartama

el puzle
slagalica

SUPER MEGA

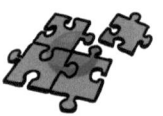

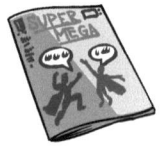

el tebeo
strip

las piezas de lego

lego kockice

los bloques de juguete

kockice za slaganje

la figura de acción

akcioni junak

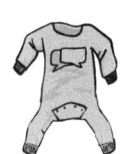

el bodi (de bebé)

kombinezon za bebe

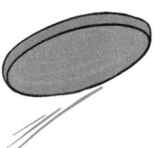

el frisbee

frizbi

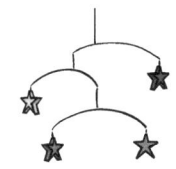

el colgador móvil para bebés

viseće igračke

el juego de mesa

društvene igre

los dados

kocka

el circuito de tren eléctrico

minijaturna željeznica

el maniquí

duda

la fiesta

tulum

el álbum de fotos

slikovnica

la pelota

lopta

la muñeca

lutka

jugar

igrati

el cajón de arena

pješčanik

el columpio

ljuljačka

los juguetes

igračka

la videoconsola

konzola za igre

el triciclo

tricikl

el oso de peluche

plišani medo

la guardarropa

ormar

la ropa
odjeća

los calcetines

kratke čarape

las medias

čarape

los leotardos

hulahopke

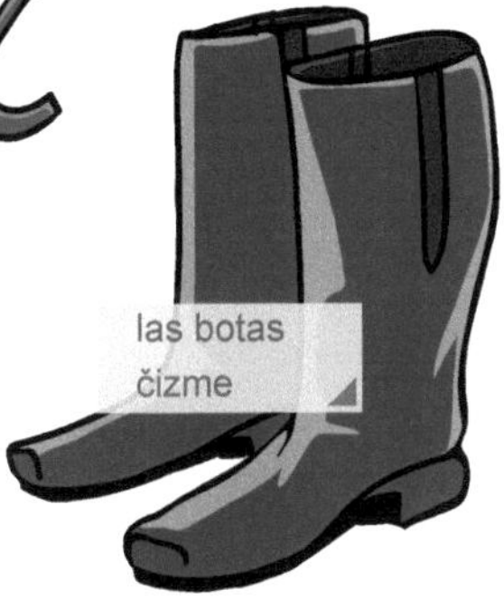

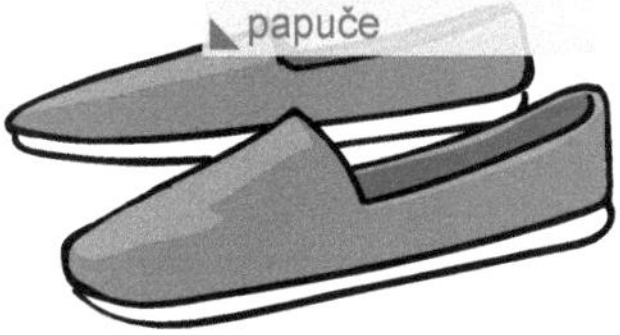

la bufanda
šal

el paraguas
kišobran

la camiseta
t-shirt

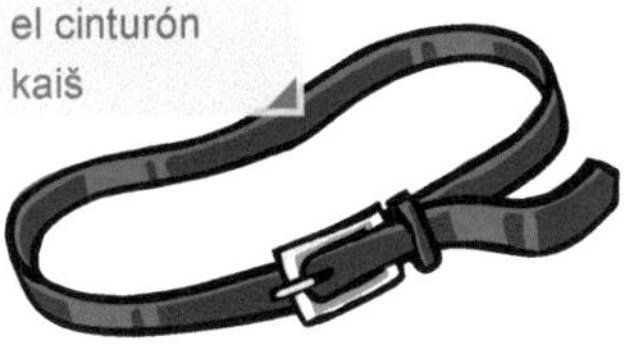

el cinturón
kaiš

las botas
čizme

las zapatillas
papuče

las deportivas
patike

las sandalias
sandale

los zapatos
cipele

las botas de goma
gumene čizme

el slip
gaćice

el sostén
grudnjak

el chaleco
potkošulja

la ropa - odjeća

el bodi

bodi

los pantalones cortos

hlače

los vaqueros

džins

la falda

haljina

la blusa

bluza

la camisa

košulja

el jersey

džemper

el suéter

pulover s kapuljačom

el blazer

blejzer

la chaqueta

jakna

el abrigo

kaput

la gabardina

kabanica

el traje

kostim

el vestido

haljina

el vestido de novia

vjenčanica

el traje

odijelo

el camisón

spavaćica

el pijama

pidžama

el sati

sari

el bandana

rubac

el turbante

turban

la burka

burka

el caftán

kaftan

la abaya

abaja

el traje de baño

kupaći kostim

el bañador

kupaće gaćice

los pantalones cortos

kratke hlače

el chándal

odjeća za trening

el delantal

pregača

los guantes

rukavice

el botón

gumb

las gafas

naočale

el brazalete

narukvica

el collar

ogrlica

el anillo

prsten

el pendiente

naušnica

la gorra

kapa

la percha

vješalica

el sombrero

šešir

la corbata

kravata

la cremallera

patent zatvarač

el casco

kaciga

los tirantes

naramenice

el uniforme

školska uniforma

el uniforme

uniforma

el babero

podbradak

el maniquí

duda

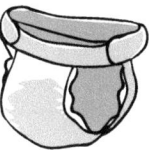

el pañal

pelena

la oficina
ured

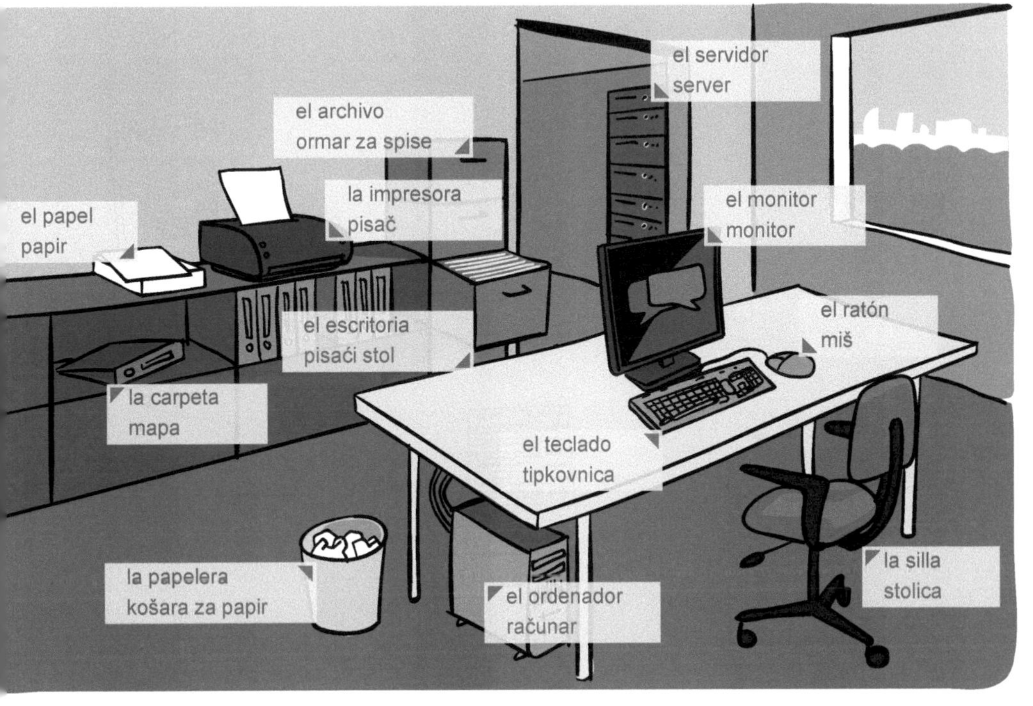

el servidor
server

el archivo
ormar za spise

la impresora
pisač

el monitor
monitor

el papel
papir

el escritoria
pisaći stol

el ratón
miš

la carpeta
mapa

el teclado
tipkovnica

la silla
stolica

la papelera
košara za papir

el ordenador
računar

la taza de café

šalica za kavu

la calculadora

kalkulator

el internet

internet

el portátil

laptop

la carta

pismo

el mensaje

poruka

el móvil

mobilni telefon

la red

mreža

la fotocopiadora

uređaj za kopiranje

el software

softver

el teléfono

telefon

la toma de corriente

utičnica

el fax

faks

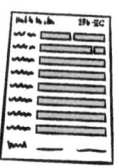

el formulario

obrazac

el documento

dokument

comprar

kupovati

pagar

platiti

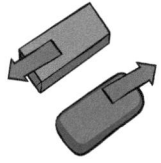

comerciar

trgovati

el dinero

novac

 USD

el dólar

dolar

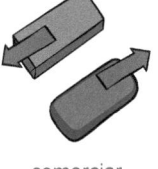 EUR

el euro

euro

JPY

el yen

jen

RUB

el rublo

rubalj

CHF

el franco suizo

švicarski franak

CNY

el renminbi yuan

renmindbi yuan

INR

la rupia

rupija

el cajero automático

automat za novac

la oficina de cambio de divisas
....
mjenjačnica

el oro
....
zlato

la plata
....
srebro

el petróleo
....
nafta

la energía
....
energija

el precio
....
cijena

el contrato
....
ugovor

el impuesto
....
porez

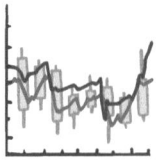

la acción
....
dionica

trabajar
....
raditi

el empleador
....
službenik

el empleador
....
poslodavac

la fábrica
....
tvornica

la tienda de campaña
....
prodavaonica

la economía - gospodarstvo

los oficios
zanimanja

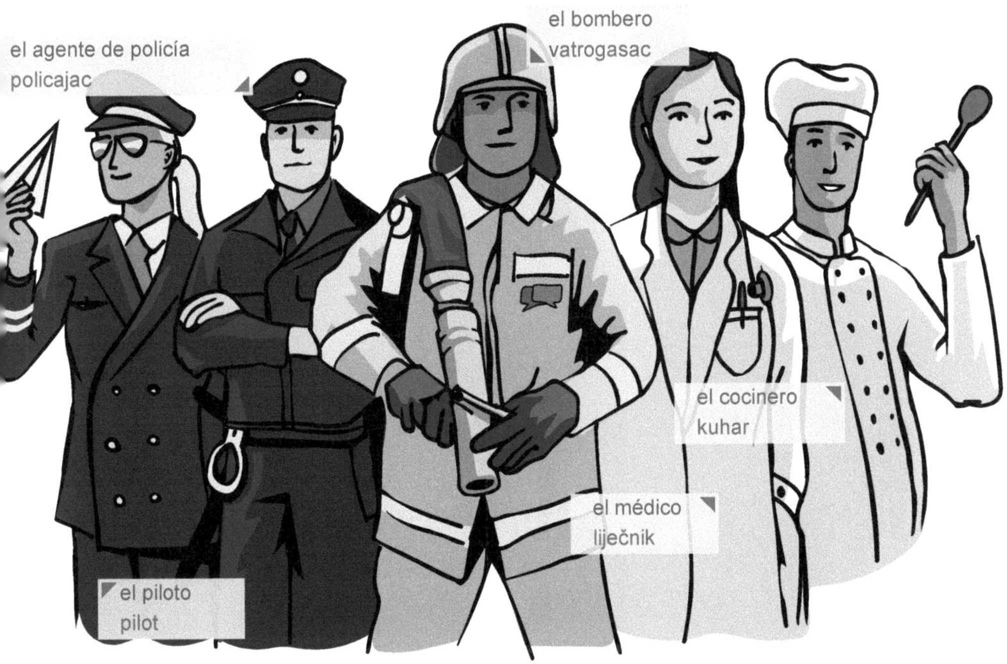

el bombero
vatrogasac
el agente de policía
policajac
el cocinero
kuhar
el médico
liječnik
el piloto
pilot

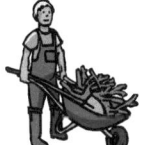

el jardinero

vrtlar

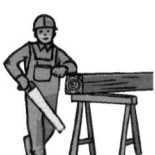

el carpintero

stolar

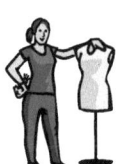

la costurera

krojačica

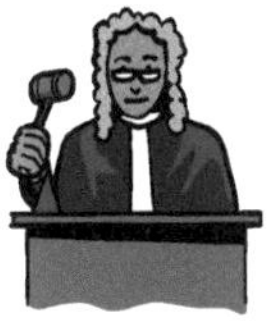

el juez

sudija

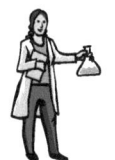

el farmacéutico

kemičar

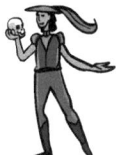

el actor

glumac

el conductor de autobús

vozač autobusa

el taxista

vozač taksija

el pescador

ribar

la señora de la limpieza

čistačica

el techador

krovopokrivač

el camarero

konobar

el cazador

lovac

el pintor

slikar

el panadero

pekar

el electricista

električar

el obrero

građevinski radnik

el ingeniero

inženjer

el carnicero

mesar

el fontanero

limar

el cartero

poštar

el soldado
vojnik

el arquitecto
arhitekta

el cajero
blagajnik

el florista
cvjećar

el peluquero
frizer

el revisor
kondukter

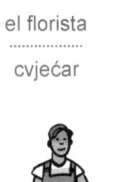

el mecánico
mehaničar

el capitán
kapetan

el dentista
zubar

el científico
znanstvenik

el rabino
rabi

el imán
imam

el monje
monah

el sacerdote
svećenik

las herramientas

alati

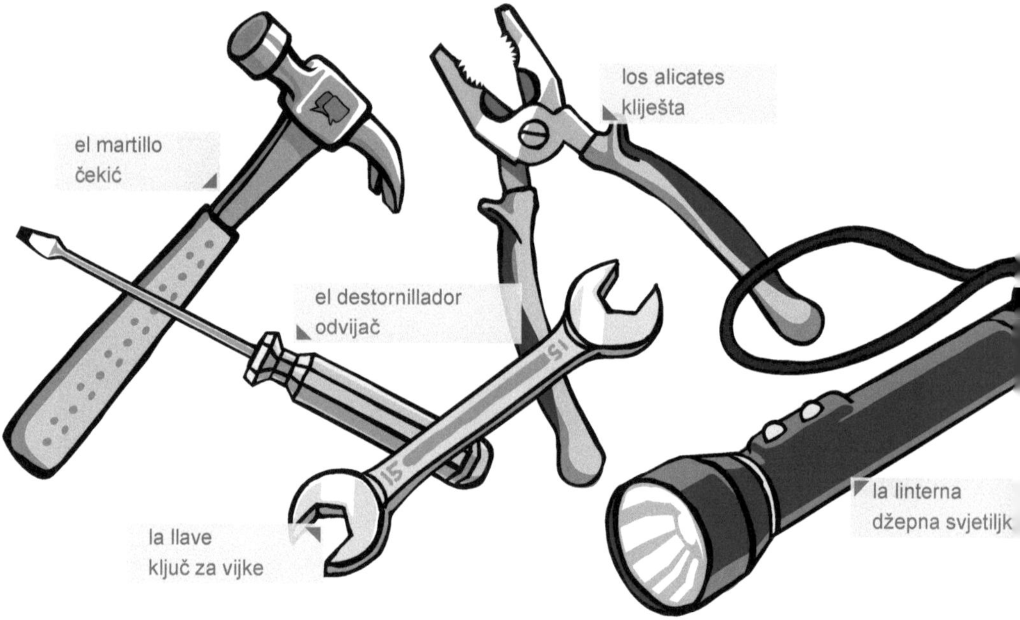

el martillo
čekić
los alicates
kliješta
el destornillador
odvijač
la llave
ključ za vijke
la linterna
džepna svjetiljk

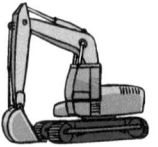

la excavadora

rovokopač

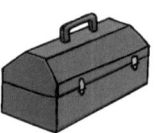

la caja de herramientas

kutija za alat

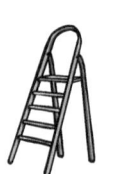

la escalera de mano

ljestve

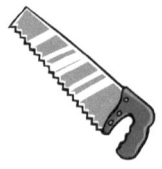

la sierra

pila

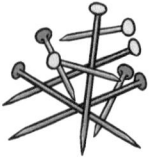

los clavos

ekser

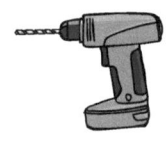

el taladro

bušilica

reparar
popraviti

la pala
lopata

¡Maldita sea!
Sranje!

el recogedor
lopatica

el bote de pintura
lonac za boju

los tornillos
vijci

los instrumentos musicales
glazbeni instrument

la batería
bubnjevi

el altavoz
zvučnik

la guitarra
gitara

el contrabajo
kontrabas

la trompeta
truba

el piano

klavir

el violín

violina

bajo

bas

los timbales

timpani

el tambor

udaraljke za bubnjeve

el teclado

keyboard

el saxofón

saksofon

la flauta

flauta

el micrófono

mikrofon

el zoo
zoološki vrt

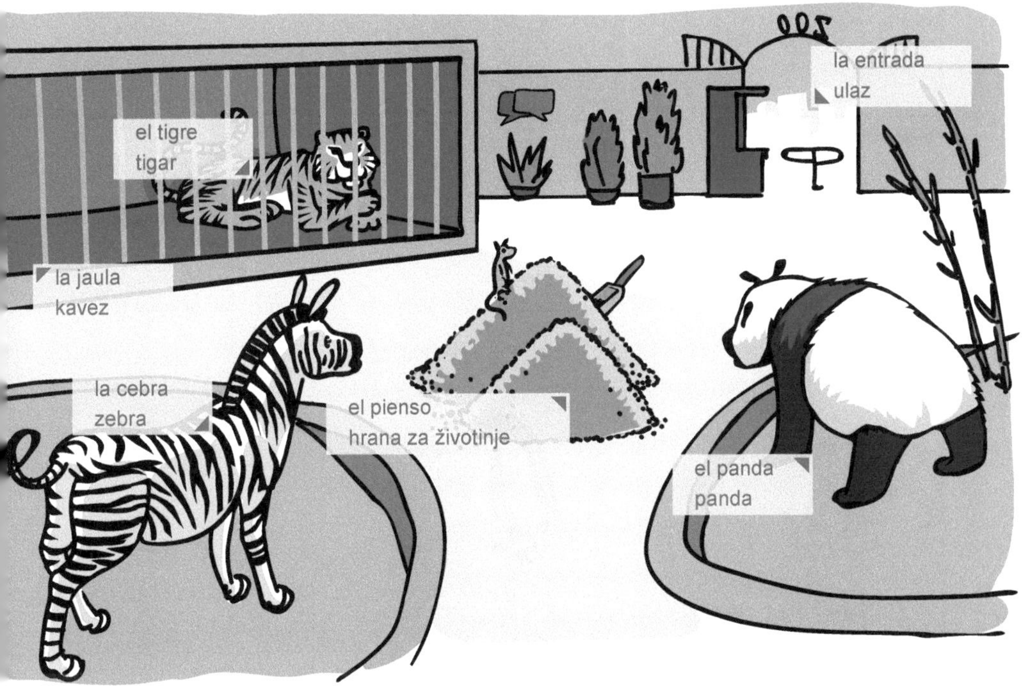

la entrada
ulaz
el tigre
tigar
la jaula
kavez
la cebra
zebra
el pienso
hrana za životinje
el panda
panda

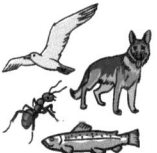

los animales

životinje

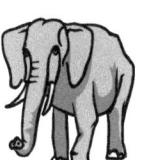

el elefante

slon

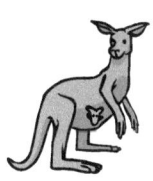

el canguro

kengur

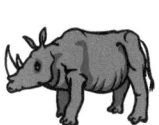

el rinoceronte

nosorog

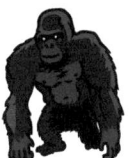

el gorila

gorila

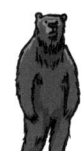

el oso

medvjed

el camello

kamila

el avestruz

noj

el león

lav

el mono

majmun

el flamingo

flamingo

el loro

papagaj

el oso polar

polarni medvjed

el pingüino

pingvin

el tiburón

ajkula

el pavo real

paun

la serpiente

zmija

el cocodrilo

krokodil

el guardián de zoológico

čuvar u zoološkom vrtu

la foca

tuljan

el jaguar

jaguar

el poni

poni

el leopardo

leopard

el hipopótamo

nilski konj

la jirafa

žirafa

el águila

orao

el jabalí

divlja svinja

el pescado

riba

la tortuga

kornjača

la morsa

morž

el zorro

lisica

la gacela

gazela

el fútbol americano
americki nogomet

el ciclismo
biciklizam

el tenis
tenis

el baloncesto
košarka

la natación
plivanje

el boxeo
boks

el hockey sobre hielo
hockey na ledu

el fútbol
nogomet

el bádminton
badminton

el atletismo
atletika

el balonmano
rukomet

el esquí
skijanje

el polo
polo

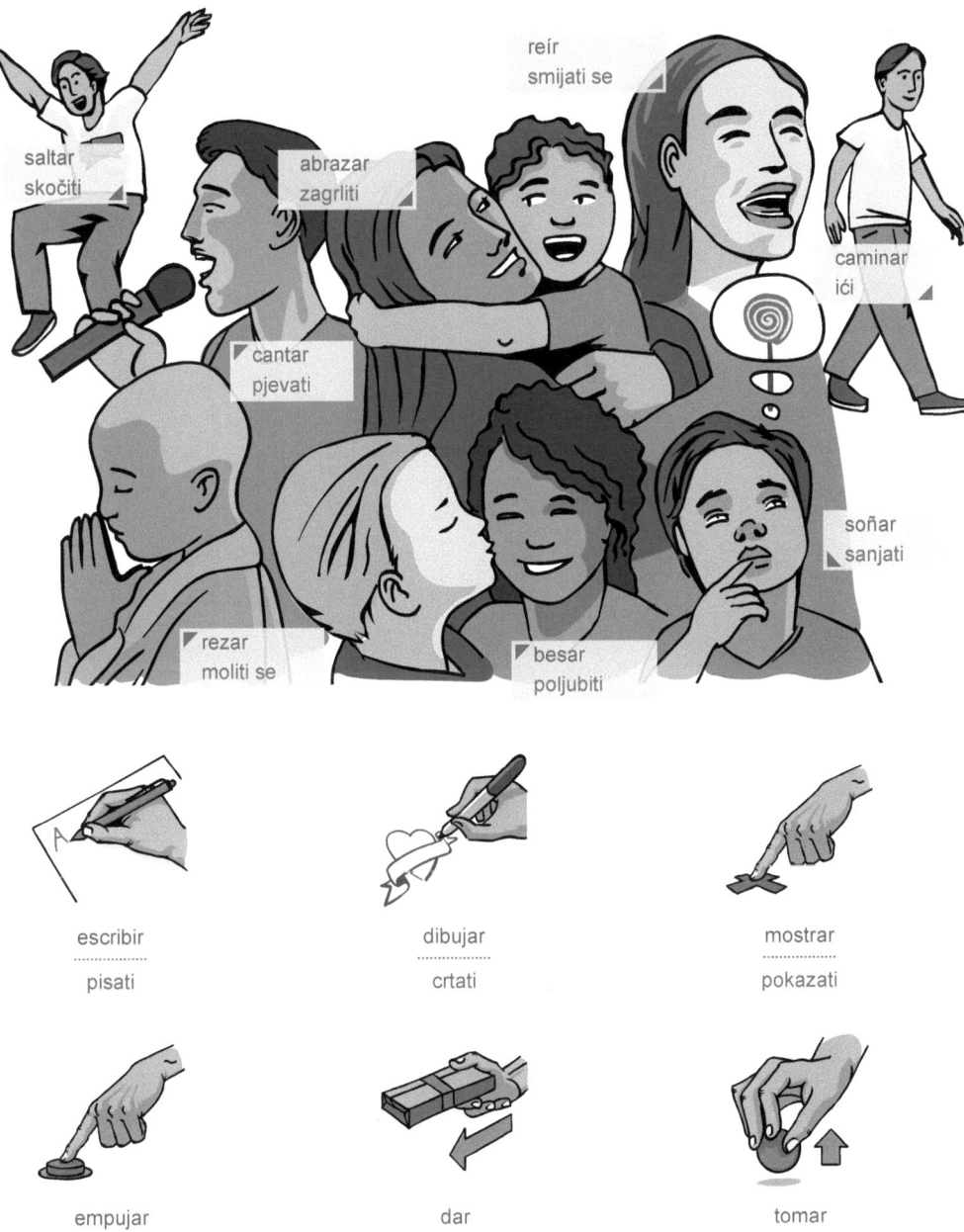

saltar
skočiti

reír
smijati se

abrazar
zagrliti

caminar
ići

cantar
pjevati

rezar
moliti se

besar
poljubiti

soñar
sanjati

escribir
pisati

dibujar
crtati

mostrar
pokazati

empujar
gurati

dar
dati

tomar
uzeti

tener
imati

hacer
činiti

ser
biti

estar de pie
stojati

correr
trčati

tirar
povlačiti

tirar
baciti

caer
padati

yacer
ležati

esperar
čekati

llevar
nositi

estar sentado
sjediti

vestirse
oblačiti

dormir
spavati

despertar
probuditi se

mirar

gledati

llorar

plakati

acariciar

milovati

peinar

češljati

hablar

govoriti

entender

razumjeti

preguntar

pitati

escuchar

slušati

beber

piti

comer

jesti

ordenar

pospremiti

amar

voljeti

cocinar

kuhati

conducir

voziti

volar

letjeti

las actividades - aktivnosti

navegar
ploviti

calcular
računati

leer
čitati

aprender
učiti

trabajar
raditi

casarse
vjenčati se

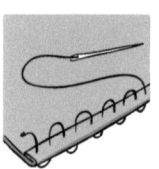

coser
šiti

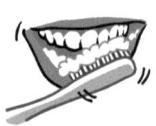

cepillarse los dientes
prati zube

matar
ubiti

fumar
pušiti

enviar
poslati

la familia
obitelj

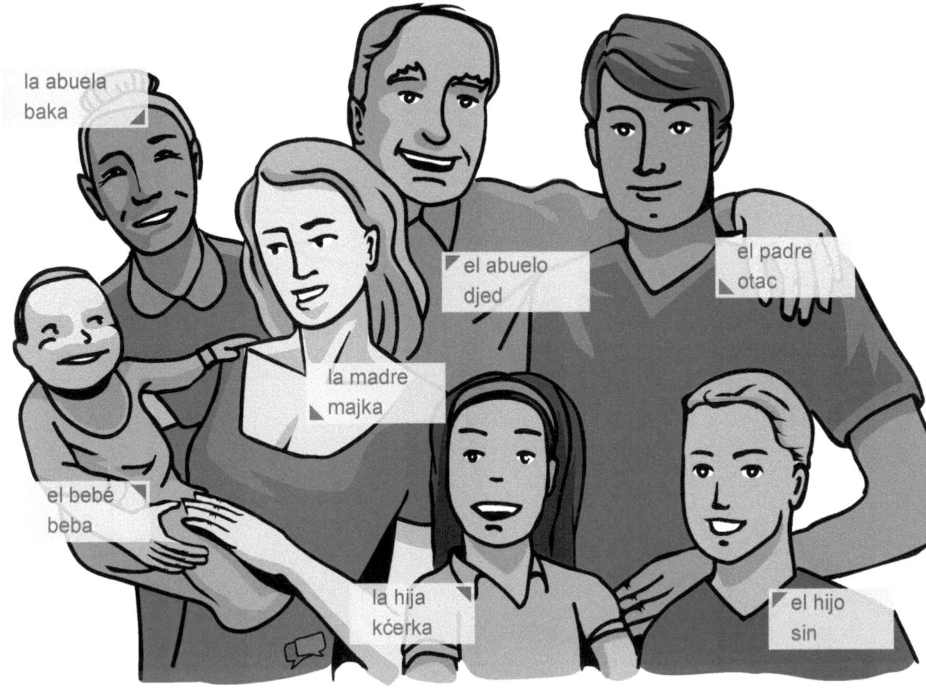
la abuela
baka
el abuelo
djed
el padre
otac
la madre
majka
el bebé
beba
la hija
kćerka
el hijo
sin

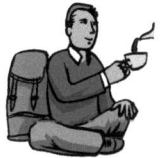

el invitado
gost

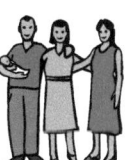

la tía
tetka

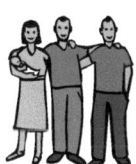

el tío
ujak, stric

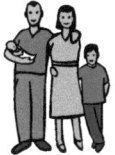

el hermano
brat

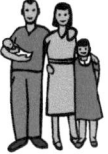

la hermana
sestra

el cuerpo
tijelo

la frente
čelo
el ojo
oko
la cara
lice
la barbilla
brada
el pecho
grudi
el dedo
prst
la mano
ruka
el brazo
ruka
el hombro
rame
la pierna
noga

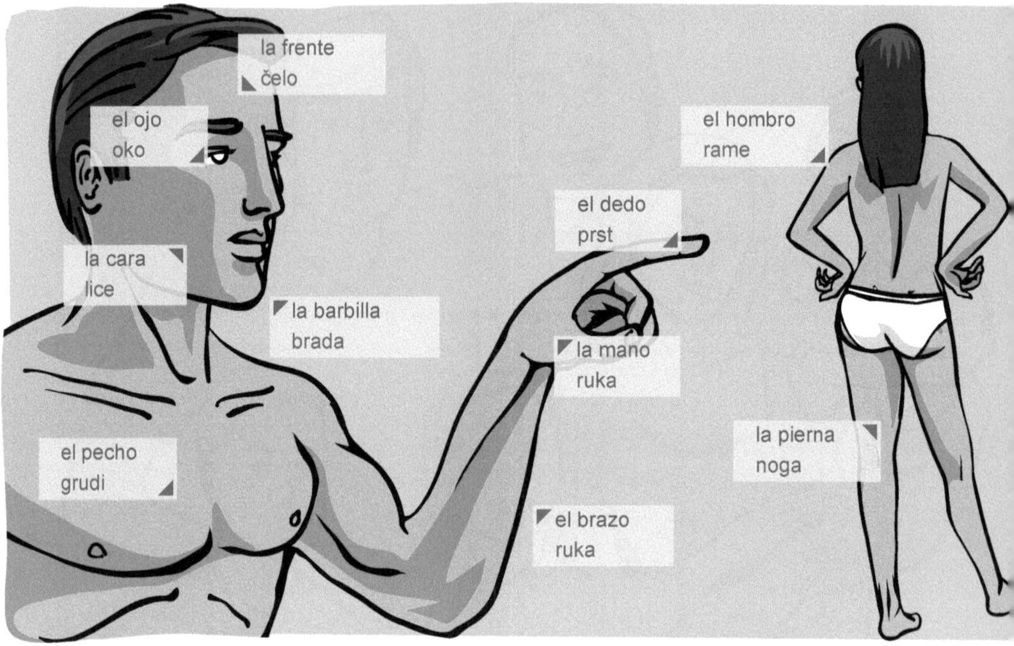

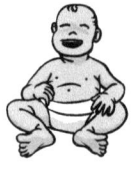

el bebé

beba

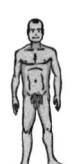

el hombre

muškarac

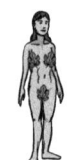

la mujer

žena

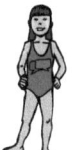

la chica

djevojčica

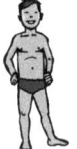

el chico

dječak

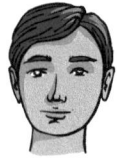

la cabeza

glava

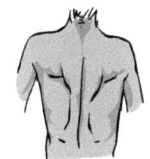

la espalda

leđa

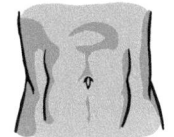

el vientre

trbuh

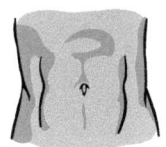

el ombligo

pupak

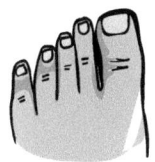

el dedo del pie

nožni prst

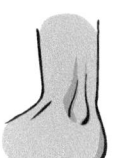

el talón

peta

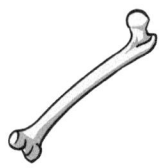

el hueso

kost

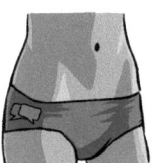

la cadera

kuk

la rodilla

koljeno

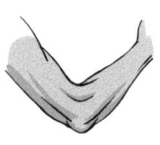

el codo

lakat

la nariz

nos

el trasero

stražnjica

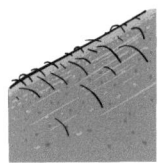

la piel

koža

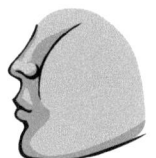

la mejilla

obraz

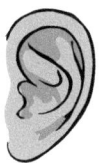

el oído

uho

el labio

usna

la boca

usta

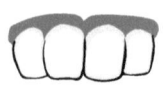

el diente

zub

la lengua

jezik

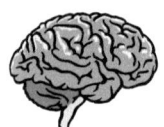

el cerebro

mozak

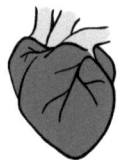

el corazón

srce

el músculo

mišić

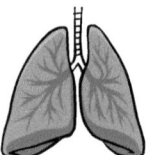

el pulmón

pluća

el hígado

jetra

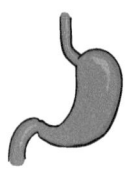

el estómago

želudac

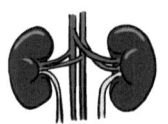

los riñones

bubrezi

el sexo

snošaj

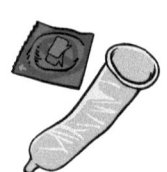

el condón

kondom

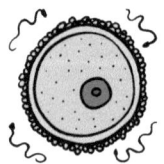

el ovario

jajna stanica

el semen

sperma

el embarazo

trudnoća

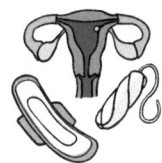

la menstruación

menstruacija

la vagina

vagina

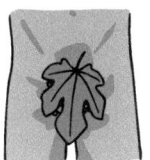

el pene

penis

la ceja

obrva

el pelo

kosa

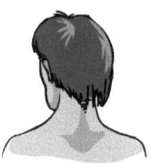

el cuello

vrat

el hospital
bolnica

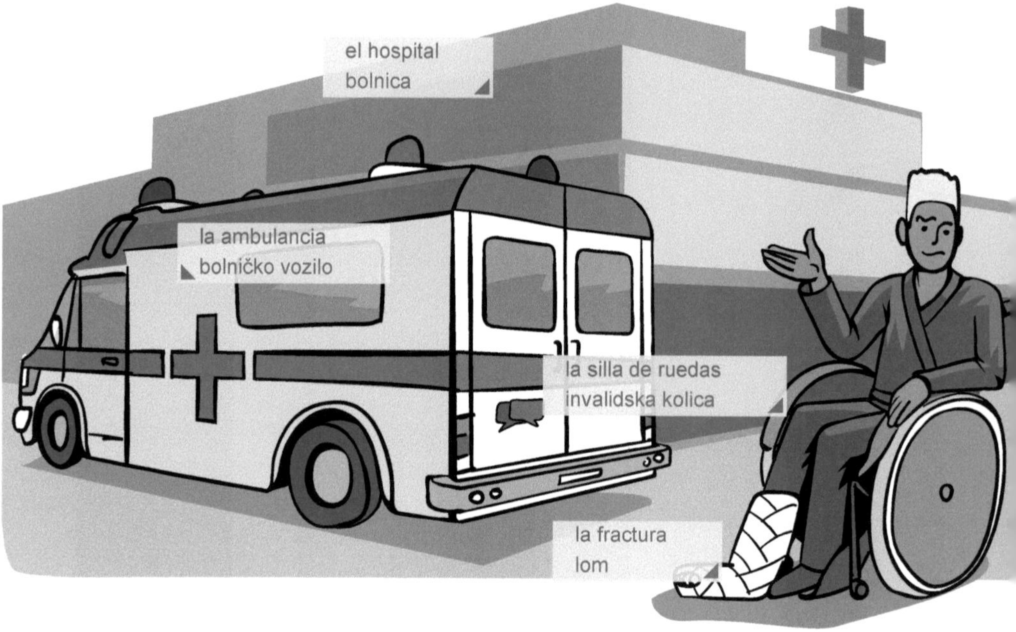

el hospital
bolnica
la ambulancia
bolničko vozilo
la silla de ruedas
invalidska kolica
la fractura
lom

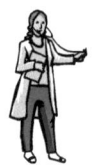

el médico

liječnik

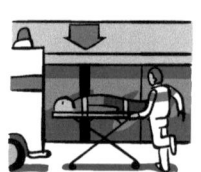

la sala de urgencias

hitna medicinska služba

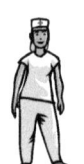

la enfermera

medicinska sestra

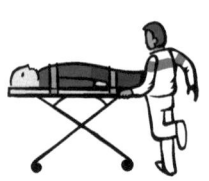

la urgencia

hitni slučaj

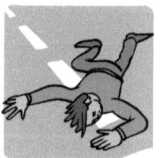

inconsciente

nesvijest

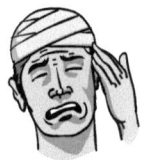

el dolor

bol

la lesión
ozljeda

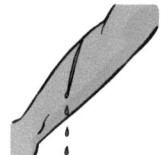

la hemorragia
krvarenje

el infarto
srćani infarkt

el ictus
moždani udar

la alergia
alergija

la tos
kašalj

la fiebre
groznica

la gripe
gripa

la diarrea
proljev

el dolor de cabeza
glavobolja

el cáncer
rak

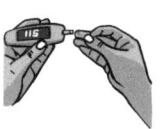

la diabetes
dijabetes

el cirujano
kirurg

el bisturí
skalpel

la operación
operacija

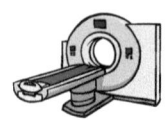

TAC

ct

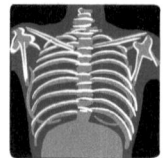

los rayos x

rentgen

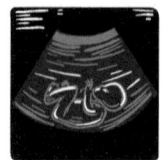

el ultrasonido

ultrazvuk

la mascarilla

maska

la enfermedad

bolest

la sala de espera

čekaonica

la muleta

štaka

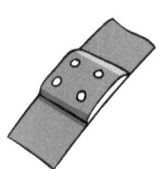

la tirita

flaster

la venda

zavoj

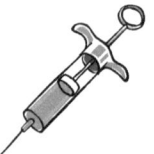

la inyección

injekcija

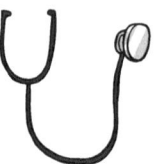

el estetoscopio

stetoskop

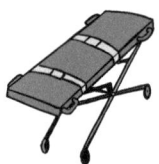

la camilla

nosilo

el termómetro

termometar

el nacimiento

rođenje

el sobrepeso

prekomjerna težina

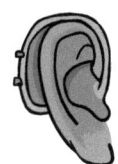

el audífono

slušni aparat

el desinfectante

sredstvo za dezinfekciju

la infección

infekcija

el virus

virus

VIH / SIDA

hiv / sida

la medicina

medicina

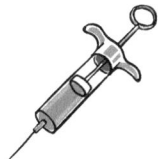

la vacunación

vakcinacija

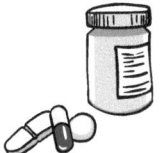

las tabletas

tablete

la pastilla

pilula

la llamada de urgencia

poziv u pomoć

el tensiómetro

uređaj za mjerenje tlaka

enfermo / sano

bolesno / zdravo

¡Socorro!

pomoć!

la alarma

alarm

el asalto

nasrtaj

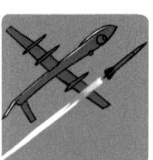

el ataque

napad

el peligro

opasnost

la salida de emergencia

izlaz za nuždu

¡Fuego!

požar!

el extintor de incendios

vatrogasni aparat

el accidente

nezgoda

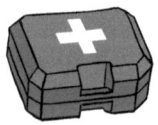

el botiquín de primeros
auxilios

kofer prve pomoći

SOS

sos

la policía

policija

Europa
Europa

Norteamérica
sjeverna amerika

Sudamérica
južna amerika

África
Afrika

Asia
Azija

Australia
Australija

el atlántico
Atlantik

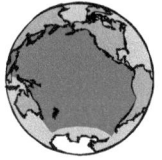

el Pacífico
Pacifik

el Océano Índico
ocean

el Océano Antártico
antarktički ocean

el Océano Ártico
arktički ocean

el polo norte
sjeverni pol

el polo sur

južni pol

La Antártida

Antarktik

la tierra

zemlja

la tierra

zemlja

el mar

more

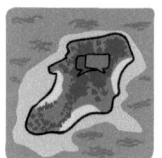

la isla

otok

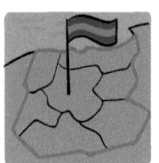

la nación

nacija

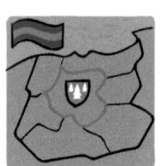

el estado

država

la esfera

brojčanik sata

la manecilla de las horas

satna kazaljka

el minutero

minutna kazaljka

el segundero

sekundna kazaljka

¿Qué hora es?

Koliko je sati?

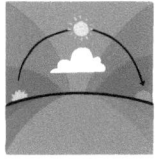

el día

dan

el tiempo

vrijeme

ahora

sada

el reloj digital

digitalni sat

el minuto

minuta

la hora

sat

la semana

tjedan

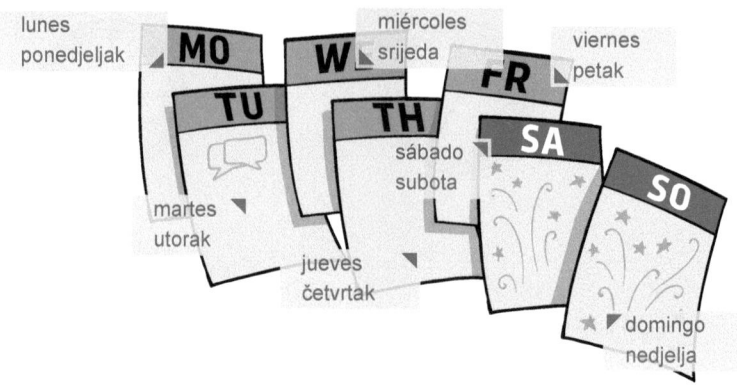

lunes / ponedjeljak
martes / utorak
miércoles / srijeda
jueves / četvrtak
viernes / petak
sábado / subota
domingo / nedjelja

ayer
jučer

hoy
danas

mañana
sutra

la mañana
jutro

el mediodía
podne

la tarde
večer

MO	TU	WE	TH	FR	SA	SU
1	2	3	4	5	6	7
8	9	10	11	12	13	14
15	16	17	18	19	20	21
22	23	24	25	26	27	28
29	30	31	1	2	3	4

los días laborables
radni dani

MO	TU	WE	TH	FR	SA	SU
1	2	3	4	5	6	7
8	9	10	11	12	13	14
15	16	17	18	19	20	21
22	23	24	25	26	27	28
29	30	31	1	2	3	4

el fin de semana
vikend

el año
godina

la lluvia
kiša
el arcoíris
duga
la nieve
snijeg
el viento
vjetar
la primavera
proljeće
el otoño
jesen
el verano
ljeto
el invierno
zima

4.APRIL 11°
5.APRIL 4°
6.APRIL 13°
7.APRIL 8°
8.APRIL 10°

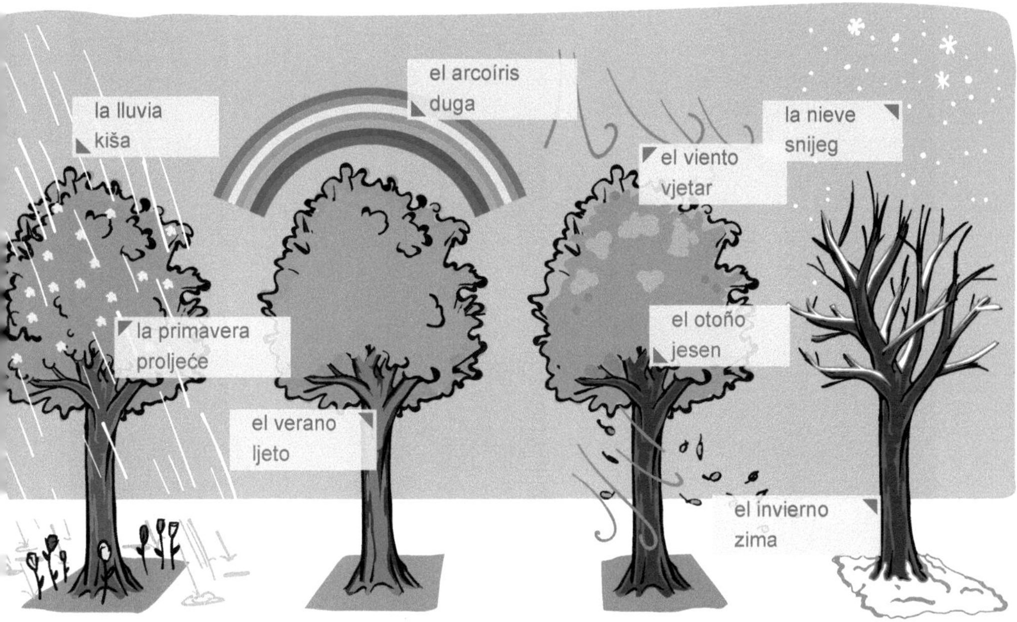

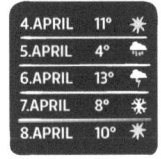

el pronóstico del tiempo

meteorološka prognoza

F
C
120
90
60
30
0
-30
40
30
20
10
0
-10
-20

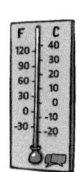

el termómetro

termometar

el sol

sunčana svjetlost

la nube

oblak

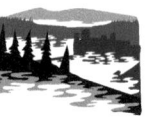

la niebla

magla

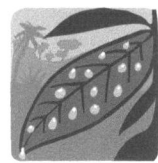

la humedad

vlažnost zraka

el rayo

munja

el trueno

grmljavina

la tormenta

oluja

el granizo

tuča

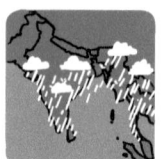

el monzón

monsun

la inundación

poplava

el hielo

led

enero

siječanj

febrero

veljača

marzo

ožujak

abril

travanj

mayo

svibanj

junio

lipanj

julio

srpanj

agosto

kolovoz

el año - godina

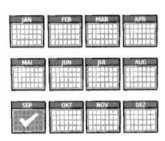

septiembre
....
rujan

octubre
....
listopad

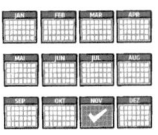

noviembre
....
studeni

diciembre
....
prosinac

las formas

oblici

el círculo
....
krug

el cuadrado
....
kvadrat

el rectángulo
....
pravokutnik

el triángulo
....
trokut

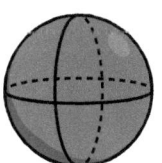

la esfera
....
kugla

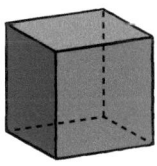

el cubo
....
kocka

blanco

bijela

amarillo

žuta

anaranjado

narančasta

rosa

ružičasta

rojo

crvena

morado

ljubičasta

azul

plava

verde

zelena

marrón

smeđa

gris

siva

negro

crna

mucho / poco

mnogo / malo

enojado / tranquilo

ljutito / mirno

bonito / feo

lijepo / ružno

principio / fin

početak / kraj

grande / pequeño

veliko / maleno

claro / oscuro

svijetlo / tamno

el hermano / la hermana

brat / sestra

limpio / sucio

čisto / prljavo

completo / incompleto

potpuno / nepotpuno

el día / la noche

dan / noć

muerto / vivo

mrtvo / živo

ancho / estrecho

široko / usko

comestible / no comestible

jestivo / nejestivo

malo / amable

zlo / dobro

entusiasmado / aburrido

uzbuđeno / dosadno

gordo / delgado

debelo / mršavo

primero / último

na početku / na kraju

el amigo / el enemigo

prijatelj / neprijatelj

lleno / vacío

puno / prazno

duro / blando

tvrdo / mekano

pesado / ligero

teško / lagano

el hambre / la sed

glad / žeđ

enfermo / sano

bolesno / zdravo

ilegal / legal

ilegalno / legalno

inteligente / tonto

pametno / glupo

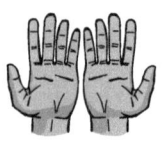

izquierda / derecha

lijevo / desno

cerca / lejos

blizu / daleko

nuevo / usado
novo / rabljeno

nada / algo
ništa / nešto

viejo / joven
staro / mlado

encendido / apagado
uključeno / isključeno

abierto / cerrado
otvoreno / zatvoreno

silencioso / ruidoso
tiho / glasno

rico / pobre
bogato / siromašno

correcto / incorrecto
točno / pogrešno

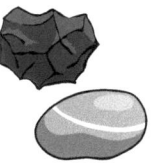

áspero / suave
hrapavo / glatko

triste / contento
tužno / sretno

corto / largo
kratko / dugo

lento / rápido
polako / brzo

húmedo / seco
mokro / suho

cálido / frío
toplo / hladno

guerra / paz
rat / mir

los opuestos - suprotnosti

0	**1**	**2**
cero	uno	dos
nula	jedan	dva

3	**4**	**5**
tres	cuatro	cinco
tri	četiri	pet

6	**7**	**8**
seis	siete	ocho
šest	sedam	osam

9	**10**	**11**
nueve	diez	once
devet	deset	jedanaest

12	**13**	**14**
doce	trece	catorce
dvanaest	trinaest	četrnaest
15	**16**	**17**
quince	dieciséis	diecisiete
petnaest	šestnaest	sedamnaest
18	**19**	**20**
dieciocho	diecinueve	veinte
osamnaest	devetnaest	dvadeset
100	**1.000**	**1.000.000**
cien	mil	el millón
stotinu	tisuću	milijun

el inglés

engleski

el inglés americano

američko engleski

el chino madarín

kinesko mandarinski

el hindi

hindi

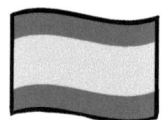

el español

španjolski

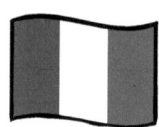

el francés

francuski

el árabe

arapski

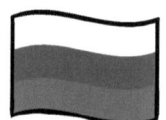

el ruso

ruski

el portugués

portugalski

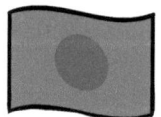

el bengalí

bengalski

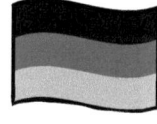

el alemán

njemački

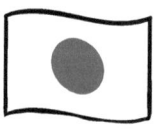

el japonés

japanski

yo
ja

tú
ti

él / ella / ello
on / ona / ono

nosotros/as
mi

vosotros/as
vi

ellos/as
oni

¿quién?
tko?

¿qué?
što?

¿cómo?
kako?

¿dónde?
gdje?

¿cuándo?
kada?

el nombre
ime

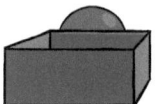

detrás

iza

en

u

delante de

ispred

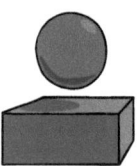

por encima de

preko

sobre

na

debajo de

ispod

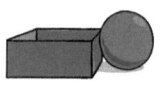

junto a

pored

entre

između

el lugar

mjesto